HSU「幸福論」シリーズ⑧

パウロの信仰論・伝道論・幸福論

Theories on Faith, Missionary Work and Happiness by Paul the Apostle

大川隆法

Ryuho Okawa

まえがき

幸福の科学大学の設立を構想するにあたって、産みの親である宗教法人で、研究すべき対象となるべき歴史上の人物に関して、事前に、宗教的アプローチによって幸福論のアウトラインを調査しておいた。内部的には公開し、出版もしていたが、文部科学省の公務員や、大学審議会のメンバーには簡単に入手できないため、「幸福論」の概要を知りたいという要請がなされた。

本来極めて重要な文献であって、対外的に一般公開すべき筋合いのものではないが、今回、ソクラテス、キリスト、ヒルティ、アラン、北条政子、孔子、ムハンマド、パウロの幸福論の八巻に分けて、一般書として公開する次第である。

これらは宗教側からのアプローチであるので、各種「幸福論」研究の手がかりとして大学側に提示し、更なる具体的な研究の出発点にするための本である。しかし、分かりやすい幸福論研究の実例としては、参考にするには十分であろう。

二〇一四年　八月十日

幸福《こうふく》の科学《かがく》グループ創始者兼総裁《そうししゃけんそうさい》
幸福《こうふく》の科学大学創立者《かがくだいがくそうりつしゃ》　大川隆法《おおかわりゅうほう》

パウロの信仰論・伝道論・幸福論　目次

パウロの信仰論《しんこう》・伝道論・幸福論

二〇一二年五月十一日　パウロの霊示《れいじ》
東京都・幸福の科学総合本部にて

「霊言現象《れいげん》」とは、あの世の霊存在の言葉を語り下ろす現象のことをいう。これは高度な悟《さと》りを開いた者に特有のものであり、「霊媒現象《れいばい》」（トランス状態になって意識を失い、霊が一方的にしゃべる現象）とは異なる。外国人霊の霊言の場合には、霊言現象を行う者の言語中枢《ちゅうすう》から、必要な言葉を選び出し、日本語で語ることも可能である。

なお、「霊言」は、あくまでも霊人の意見であり、幸福の科学グループとしての見解と矛盾《むじゅん》する内容を含《ふく》む場合がある点、付記しておきたい。

パウロの信《しん》仰《こう》論・伝道論・幸福論

二〇一二年五月十一日　パウロの霊示《れいじ》
東京都・幸福の科学総合本部にて

パウロ（?～六五ごろ）

初期キリスト教の宣教師であり、『新約聖書《しんやくせいしょ》』の著者の一人。小アジアのタルソ生まれ。律法に厳格なパリサイ派のユダヤ教徒として育ち、キリスト教徒の迫《はく》害《がい》に加わったが、ダマスコへ赴《おもむ》く途中《とちゅう》、天からのイエスの声を聞き回心《かいしん》。特に、異邦人《いほうじん》への布教《ふきょう》を使命とし、数回に及《およ》ぶ大伝道旅行を行《おこな》った。パウロの説いた、イエスの十字架《じゅうじか》の死における贖罪《しょくざい》的意義は後世のキリスト教世界に大きな影響《えいきょう》を与《あた》えた。その後、鎌倉《かまくら》時代を代表する宗教家・親鸞《しんらん》（一一七三～一二六二）として生まれ変わったとされている（『黄金の法』〔幸福の科学出版刊〕参照）。

質問者　近藤海城《こんどうかいじょう》（学校法人幸福の科学学園 幸福の科学大学設立準備室教務担当局長）
市川和博《いちかわかずひろ》（幸福の科学専務理事 兼《けん》 国際本部長）

［質問順。役職は収録時点のもの］

1　パウロの「伝道力」の秘密を探《さぐ》る

天才的な語学力を持っていたパウロ

大川隆法　今（二〇一二年五月当時）、総本山《そうほんざん》・未来館《みらいかん》では、パウロ特別霊《れい》指導による「『宗教の使命』研修」という研修が人気があるそうで、また、幸福の科学大学のほうからも、「パウロについての話を聞いて、『国際コース』で使いたい」という意見がありましたので、今日は、「パウロとはどういう人なのか」ということを研究してみたいと思います。

パウロについて書かれた文献《ぶんけん》等はたくさんあるのですが、二千年近い歳月《さいげつ》の隔《へだ》たりがあるため、「実物はどんなものなのか。どんな人なのか」ということについては、想像の世界にしかないと思います。

簡単に説明すると、だいたい、イエスが紀元前四年前後に生まれ、紀元後三〇年ぐらいには十字架《じゅうじか》に架かったであろうと推測されていますが、その当時には、パウロも生まれていたと思います。おそらく、イエスよりは何歳か年下だったのではないでしょうか。三、四歳ぐらいは年下だったかと思います。

ただ、残念ながら、その当時の彼は、まだ、キリスト教者《きょうじゃ》ではありませんでした。いわゆる「パリサイ派」とか「ファリサイ派」といわれるもので、『聖《せい》書《しょ》』には「パリサイ人《びと》」と書かれているような、ユダヤの厳格で伝統的な宗教を信じている人だったわけです。

生まれは小さな島だったようですが、このあたりについては、学者の間でも議論があるようです。また、なぜかローマ市民権を持っており、さらに、当時の国際公用語であるギリシャ語を話すことができました。

なお、イエスやイエスの弟子《でし》たちは、アラム語という、少し訛《なま》りのあるガリラヤ湖畔《こはん》辺りの地方の言葉を話していたのですが、パウロは、なぜか、このアラム語も話すことができたらしいのです。

ある文献を読んでいると、「パウロがヘブライ語で説法《せっぽう》を始めたら、一同がシーンと沈黙《ちんもく》した」というような部分も出てきたりするので、おそらく、ヘブライ語が話せることに対して、少し驚《おどろ》くような面があったのではないかと思われます。

その意味で、語学に関しても、非常に天才的なところがあったのでしょう。

このように、彼がローマ市民権を持ち、かつ、インテリの公用語であるギリシャ語を話せたということが、キリスト教が大きな世界宗教になっていくための原動力になったのではないかと思われます。

初めはキリスト教迫害《はくがい》の中心人物として活動していた

大川隆法　また、島から出てきてからあと、どのように育ったかは知りませんが、通説とまで言えるかどうかは分からないものの、「当時のエルサレムの辺りにいた、パリサイ派と思われる厳格なユダヤ教徒であり、学者としても有名なガマリエルの弟子であったのではないか」と言われています。

ただ、これについては異説もあって、確証はありません。

そして、イエスが十字架に架かった紀元後三十年ころは、まだ熱心なパリサイ派の一人であり、むしろ、キリスト教徒たちを迫害《はくがい》する側にいて、キリスト教迫害の中心人物の一人であったらしいのです。

当時は、どういうかたちで迫害を行《おこな》っていたのかは分かりませんが、一種の逮捕状《たいほじょう》のようなものを持っていて、逮捕権のようなものがあったのでしょう。「水戸《みと》の御老公《ごろうこう》の御印籠《ごいんろう》」ではありませんが、「その逮捕状を見せたら、キリスト教徒をどんどん捕《つか》まえて、縛《しば》り上げて引っ張っていける」というような権限を持っていたようで、そういうものを持って旅行していたらしいのです。

キリスト教徒捕縛《ほばく》の旅の途中《とちゅう》で迎《むか》えた「ダマスコの回心《かいしん》」

大川隆法　今朝（二〇一二年五月十一日）、ＣＮＮを見ていたら、「ダマスカスで爆弾《ばくだん》が爆発し、五十五人が死亡」というニュースが流れてきました。ダマスカスは、今、非常にきな臭《くさ》い地域ですけれども、「ダマスコ」というのは、その近辺のシリア辺りだと思われます。パウロは、キリスト教徒捕縛《ほばく》の旅として、その辺りまで出かけていたようなのです。

そして、そこで、有名な「ダマスコの回心《かいしん》」というのが起きるわけです。パウロは、キリストの弟子を引っ捕《と》らえる旅に出ていたのですが、ダマスコ街道《かいどう》を歩いているときに、「真っ昼間にもかかわらず、突如《とつじょ》、目のくらむような白い光か何かが当たって目が見えなくなる」というような現象が自分の身に起きました。

宗教をしている人にとっては、「光を見る」という経験はよくあることなのですが、パウロは、あまりにもまぶしい光を見たことで、盲目《もうもく》になってしまうのです。

するとそのときに、天上《てんじょう》から声が聞こえてきました。当時、彼はまだ「パウロ」という名前ではなく、「サウロ」と呼ばれていたのですが、「サウロよ、サウロよ。なぜ私を迫害するのか」というような声が聞こえてくるわけです。

ただ、これに関しては、文献によっては「サウロ」ではなく、「サウル」と書いてあるものもあるので、正確なところは分かりませんが、パリサイ派だったときには、通称《つうしょう》「サウロ」と呼ばれていたと思われます。

彼は、「主よ、あなたは誰《だれ》ですか」と問いかけたところ、「あなたが迫害しているイエスである」という言葉が臨《のぞ》んでくるわけです。目が見えない状態で、そういう声が天上から聞こえてきたのです。

そのあと、目が見えない状態のまま、宿屋かどこかに行き、困っていたところに、イエスの弟子の一人であるアナニアという人が訪ねて来ました。そこで、一種の「手かざし」のようなものだと思われますが、「アナニアが、目に手をかざして光を入れると、見えなかった目が見えるようになった」という、いわゆる治癒《ちゆ》体験、神秘体験を得るわけです。

このアナニアという人が何者なのかということについては、少し分かりにくいところがあるのですが、十二弟子の一人ではありません。

そのため、「アナニアという人によって治された」ということを明確に書いてあるものを見ても、その人がそれほど有名な弟子ではないので、かえって、信憑《しんぴょう》性が高く感じられます。

「十二弟子の誰かが治した」というような感じに書かれていたら、いかにも権威《けんい》付けのために書いたように見えるのですが、アナニアという、名前を知られていなかった弟子が治したと書かれているので、かえって信憑性があります。

そして、パウロは、イエスの弟子を捕まえる旅に出たはずが、そこで、いわゆる「回心」をするわけです。

仲間に警戒《けいかい》されながらも伝道を続けていったパウロ

大川隆法　パウロは、キリスト教徒に改宗したあと、「サウロ」から「パウロ」に名前を変えるのですが、ここの面白《おもしろ》いところは、「パウロは生前のイエスには会っていないだろう」ということです。これは、ほぼ通説になっています。

生前のイエスに会っていない人が、イエスへの信仰と伝道を説くというのは、まことに不思議なことですが、前述したような神秘体験によって、直接、主からの啓示《けいじ》を受けたことが、その動機だと思われます。

それ以後のパウロは、すさまじい活動を開始するわけですが、共にキリスト教徒たちを迫害していた、かつての同僚《どうりょう》たちから見れば「裏切り者」でしょう。一方、キリスト教徒から見れば、自分たちの仲間を大勢捕まえて、十字架に送った男でもあるわけですから、両側から信じてもらえませんでした。本物なのか、二重スパイなのかが分からないために警戒《けいかい》され、迫害も受けるような状態だったのです。

当然、キリスト教徒からすれば、「クリスチャンになったとはいうけれども本当だろうか。かつては知人をたくさん捕まえられた。潜《もぐ》り込《こ》んできて、また一網打尽《いちもうだじん》にするつもりではないか」というような警戒心は出てきます。

非常につらいとは思いますが、そうしたなかで、当時の世界としては広く、地中海を中心に、あちこちと伝道して回り、教会を建てていったと言われているのです。

「キリスト教の立役者《たてやくしゃ》」とも呼ばれている

大川隆法　霊的なものがあまりよく分からず、行動や、遺《のこ》っている足跡《そくせき》だけを中心に見るような学者のなかには、「キリスト教の真の教祖《きょうそ》はパウロだ」というようなことを言う人もいます。

「イエスという、何をしていたのか分からない人は、三年ほど教えを説いて、十字架に架かって死んだだけであり、それを救世主ということにして世界に広め、キリスト教をつくり上げたのはパウロだ。イエスはキリスト教をつくったわけではない。イエスを偉《えら》くしたのはパウロだ」というような言い方をすることもあるのです。

ただ、これは、やや霊的な側面を見落としているのではないでしょうか。

やはり、オリジナルな教えを降ろしてくるほうが、当然、宗教的には偉いので、それを信仰して伝道した人は、「弟子」としての位置づけになるでしょう。

いずれにせよ、パウロは、イエスの十二弟子たちのなかには入っていないにもかかわらず、実質上の「キリスト教の立役者《たてやくしゃ》」とも言われています。

また、日本のほうでは、「パウロと親鸞《しんらん》が少し似ているのではないか」という意見も、けっこう強くあります。

親鸞そのものは、それほど大きな教団をつくれていたわけではないのですが、教えが少し似ているということが言われているのです。

なお、教えの広げ方は、親鸞というよりは蓮如《れんにょ》のような動き方に近いのかもしれません。

また、やや完全他力《たりき》的な面も、ないわけではないでしょう。

賛否《さんぴ》両論があるパウロの「贖罪《しょくざい》説」

大川隆法　パウロで有名なものとして「贖罪《しょくざい》説」がありますが、これは、おそらく、「キリスト教徒を迫害していたのに回心をして、今度は、これを伝道する側に回った」という、クラッと心が変わった自分の体験と、何らかの関係があるのではないかと推定します。

そして、これが、「キリスト教を曲げた」という考えも、当然あるのです。

贖罪説とは、「全知全能の神の独り子《ひと》であるイエスが、この世に生まれたにもかかわらず、この世での伝道に成功せずに死んだのは、人類の罪を贖《あがな》うためだ。罪人《つみびと》である人々の罪を一手に引き受けて、十字架に架かったのだ」というものです。

このような非常に複雑な考え方を出してきており、これが、意外にも通説風《ふう》になってくるわけですが、自分自身の体験も、あるいは背景にあるのかもしれませんし、彼自身、「贖罪のための伝道」をしていたところもあるのでしょう。

いずれにしても、宗教団体としては非常に注目すべき人物の一人でありますし、私たちも、今、国際本部や、エル・カンターレ信仰伝道局等において、できれば、〝パウロ的人材〟を一人でも多く輩出《はいしゅつ》したいところです。

世界宗教の基《もとい》をつくるぐらいの力がある人が、一人でも出てくることが大事なわけですから、そのための教育も要《い》るのではないでしょうか。

質問者のお二人には、そのあたりの秘密を上手に聞き出していただきたいと思いますし、当会が持っている、いろいろな問題や課題などがありましたら、そのあたりについても、「パウロならどう考えるのか」というようなことを訊《き》いていただければ幸いです。

では、前置きはこのくらいにして、パウロをお呼びしたいと思います。

パウロよ、パウロよ、パウロよ、パウロよ。

キリスト教伝道の立役者、聖パウロよ。

どうか幸福の科学総合本部に降りたまいて、われらにその心の内を明かしたまえ。

パウロよ、パウロよ、パウロよ、パウロよ、パウロよ。

どうか幸福の科学総合本部に降りたまいて、われらにその心の内を明かし、
われらを指導したまえ。
われらに、「信仰のあり方」、「伝道のあり方」、あるいは「世界宗教のあり
方」、また、あなたの考える「愛」や「幸福」とはどのようなものであるのか。
また、「回心」とはどのようなものであるのか。「伝道のための武器」はどの
ようなものであるのか。どのような考え方が大事であるか。
そうしたことについて、ご指導を願いたく、お願い申し上げます。
パウロよ、パウロよ、パウロよ、パウロよ。
どうか幸福の科学総合本部に降りたまいて、その本心を明かしたまえ。

（約三十秒間の沈黙《ちんもく》）

2 「ダマスコの回心《かいしん》」の真実

イエス生前に「迫害《はくがい》する側」にいたことへの後悔《こうかい》の思い

パウロ　パウロです。

近藤　パウロ様、本日は、「信仰《しんこう》論・伝道論・幸福論」について、お伺《うかが》いできますことを、心より感謝申し上げます。

パウロ　はい。

近藤　私《わたくし》は、幸福の科学大学の近藤と申します。

初めに、私のほうからは、パウロ様の人生のなかで、最も有名な「ダマスコの回心《かいしん》」について、お伺いしたく思います。

パウロ　うーん……。

近藤　イエス様の弟子《でし》によって、見えなくなった目が見えるようになり、そして、「迫害《はくがい》する者」から「伝道する方」へと変身された、この大いなる回心は、宗教的にも非常に輝《かがや》く瞬間《しゅんかん》であったのではないかと思い、私たちにとりましても、非常に心に迫《せま》るものがございます。

この「ダマスコの回心」につきましては、パウロ様の人生において、「天上《てんじょう》界《かい》のご計画」であられたのでしょうか。「奇跡《きせき》」ということも絡《から》めて、その本心、真実を明かしていただければ幸いでございます。

パウロ　うーん、まあ、おそらく、「計画」と言えば「計画」ではありましょうけれども、ただ、「後《おく》れを取った」ということについては、否《いな》めないものがあります。

やはり、イエスご生前にお会いして、その説法《せっぽう》を聴《き》いてみたかったですねえ。同時代に生きていて、「イエス生前には迫害する側にいた」ということは残念なことです。

私も、いわゆる今のユダヤ教を学問としてやっていたため、それに照らして考えれば、当時のイエスの教えは、とても異端《いたん》だったのです。あなたがたの時代で言えば、いわゆる新興宗教にすぎないわけですから、伝統的なユダヤ教の考えから見れば、みな、当然異端と思って、迷うことなく弾圧《だんあつ》の側に入っていました。

まあ、人は、旧《ふる》いものを信じるし、学問的に学んだものは、なかなか捨てられないっていうところがありますよね。

でも、「イエス死後、二、三年もたってから回心して、クリスチャンになった」っていうことに対しては、「大きな機会を取り逃《に》がした」という気持ちがとても強いです。

まあ、私のように迫害の主役的存在であった者が、「天上界のイエスの声を聞き、光を見、盲目《もうもく》になり、それが奇跡的に治癒《ちゆ》される」というような体験を通すことによって、キリスト教が真なる宗教であることの証《あかし》を立てる役ができたということは、そういう運命であったのかもしれません。

しかし、「イエスご自身が私に啓示《けいじ》を送られた」ということから見れば、私は、もともとイエスの弟子になるべく生まれたのであるのに、罪深い何年かを送ったのだと思われます。

特に、イエスが十字架《じゅうじか》に架かってからあとの二、三年は、迫害の中心にいたので、イエスの有力な弟子たちも、（私によって）かなり処刑《しょけい》されたことになっていると思います。

ただ、そういう「罪を犯《おか》した罪人《つみびと》が一転して、愛を説く伝道者になる」っていうことは、とても難しいことですねえ。

「ダマスコの回心《かいしん》」で感じた「罪人《つみびと》が許される原理」

パウロ　また、見えなくなった目を治してもらったわけですが、要するに、「自分が迫害して、捕《と》らえにいっていた人たちのうちの一人であるアナニアに、見えなくなった目を治してもらう」ということがあったわけです。

つまり、「敵に目を治してもらった」ということで、ここに、何か「罪人《つみびと》が許される原理」というようなものを強く感じましたね。

結局、「愛とは何か」といっても、まあ、人間はみな「罪人」ですよ。だから、知らずして犯す罪。確信して犯す罪。たくさんあります。それは、この世に生まれている以上は、しかたがないところがあると思うんですけど、やっぱり、どこかで真理に出会って、心を入れ替《か》え、回心《かいしん》することで救われなかったら、もはや、道がないですよね。その「救いのきっかけ」を与《あた》えるわけです。

例えば、あなたがただったら、あなたがたの宗教を信じない人、迫害する人というのはたくさんいると思いますし、彼らは、あとから、いわゆる「罪人」にされる方々であろうけれども、現時点では、自分らが罪人だとは思わずにやってると思うんですね。

でも、そういう人たちでも、遅《おそ》い早いはあっても、何らかのきっかけで真理に目覚め、そのあと十分に、その罪の償《つぐな》いができるだけの活動をすれば、罪は許され、もともと天使のごとき働きをしていた人と同じように扱《あつか》われる。これが、「贖罪《しょくざい》」の部分かと思いますけどね。

イエスの教えが示す「経済学」と「真理」の考え方の違《ちが》い

パウロ　イエスの教えのなかにも、次のようなたとえ話があります。

「ある領主《りょうしゅ》が、朝から来て農園の手伝いをした人、昼から来て手伝いをした人、夕方から来て手伝いをした人、みんなに同じだけの賃金を払《はら》ったところ、その領主に対して、朝から働いた者が、『私は朝から働いていたのに、なんで、昼から来た者や夕方から来た者にも同じ金額を払うのか』と、少し文句を言った。すると領主は、『私はあなたに、約束したとおりの金額を払ったので問題はない。昼から来た者にも約束した金額だけ払った。夕方から来た者にも約束しただけ払った。約束を破ったわけではなく、そのとおりであるので、あなたの言うことはきけない』と返事をした」

これは、今の経済学や経営学から見たら、たぶん、おかしい話なんだろうと思うんですよね。朝から働いた人の賃金が高くなって、夕方から来た人の賃金は時間給で払わなきゃいけないんですよ。経済学的には、そういうことだと思うんですが、この場合、私をたとえに出してみれば、この意味がよく分かります。

つまり、「朝から働いていた人」っていうのは、十二弟子たちのように、初期からイエスの伝道を手伝ってた方ですよね。それから、「昼ごろから来た人」は、伝道の途中《とちゅう》でイエスを信じて、手伝った方です。そして、「夕方の、日が暮れる一時間前に来て、農園の手伝いをした人」っていうのは、私みたいな人間ですね。

すでに日は盛《さか》りを過ぎて沈《しず》もうとしているときに来ているのに、お金をもらってしまうことは、本当は悪いことであり、ほかの人から責められて当然です。でも、「夕暮れどきであっても駆《か》けつけて手伝った」ということを、主がほめ称《たた》えてくださることはあると思うんですね。

だから、「罪深く、キリスト教徒を迫害していた私であっても、後れて真理を悟《さと》って、それから伝道者に切り替わっていった私であっても、値打ちにおいては、初期からイエスの手伝いをしていた人と比べて劣《おと》るものではない」ということを、このたとえ話は言ってるのだと思うんですよ。ありがたい話です。

「早く気づいた人が偉《えら》くて、あとから気がついて来た人は駄目《だめ》だ」というような考え方ではないものが説かれていて、これが、「経済学」と「真理」の違《ちが》いですね。

「あとから来た者」を軽《かろ》んじてはいけない

パウロ　したがって、「あとから気づいたから駄目だ」とは言えない。先なる者は後《あと》なるべし。後なる者は先なるべし。つまり、「後の者が先になり、先の者が後になる」というようなことは、真理の世界においては十分に起きることです。

単に、「時間的にあとから来た」っていうことだけで判断するのではなくて、逆に、反対していた者が強い協力者になったり、熱心な信仰者、伝道者になったりすることもあるということですね。

だから、あなたがたもそうだけど、「あとから来た者」を軽《かろ》んじてはいけないと思う。

初期のころは、教団も小さいから、もちろん、人々に知られることも少ないし、まだ一部の人しか手伝いに来ないけども、あとになって、教団も大きくなってきて世に知られるようになれば、それによって、能力が高かったり、力があったりする人がやって来ることがあるので、あとの人を軽く見てはいけない。

イエスの教えを直接受けた人と受けなかった人がいても、受けなかった人が、直接教えを受けた人以上の仕事ができることもある。むしろ、私のように、イエスを直接知らなかったがゆえに、信仰形態として、全《まった》きイエスを信じることができた者もいる。

「天上からのイエスの声を聞く」という神秘体験を経《へ》て、そして、イエスの弟子たちが伝える福音《ふくいん》から学んで、イエスの真なる姿を捉《とら》えた者が真理の核《かく》に当たったのに、意外に、イエスの側近《そば》くにおいて生活を共にしていた者たちが、最後にはイエスを裏切るようなことだって、数多くあったわけですから。

まあ、このへんは、「宗教の、ある意味での秘密」を解き明かしてるかもしれませんね。

ただ、私にも大きな使命があったことは事実だし、イエスを迫害していた、その律法を勉強していたっていうことが、まったくのマイナスになったわけでもないとは思いますね。

近藤　ありがとうございます。

3 「贖罪説《しょくざいせつ》」と「イエスの死」を語る

「強い神」を信仰《しんこう》する地域でのキリスト教伝道の難しさ

近藤　贖罪説《しょくざいせつ》について、もう一点お伺《うかが》いいたします。

「イエス様が十字架《じゅうじか》に架かることによって、人類の罪は許された」という説を、パウロ様は強く主張されていたかと思うのですが、これにつきましては、実は、さまざまな批判的なご意見も頂戴《ちょうだい》しております。

当時の時代背景等もあったかとは思いますが、これからクリスチャンの方々に伝道していく上でも重要な論点かと思いますので、今時点での、パウロ様のお考え、アドバイスを賜《たまわ》れれば幸いです。

パウロ　うーん、それは難しいところで、私が責められてる部分でもあるし、ほめられてる部分でもありますねえ。

まあ、伝道する際には、「主なるイエス、神の独《ひと》り子なるイエスが地に下りられて教えを説かれ、そして、ゴルゴタの丘《おか》で十字架に架かって亡《な》くなられた」っていうことになるわけです。ところが、やっぱり、私もそうですけども、古代のユダヤの教えにおいては、もう、英雄《えいゆう》が数多く出てきて、王様にもなるような預言者《よげんしゃ》や、あるいは、奇跡《きせき》を数多く起こして敵を滅《ほろ》ぼしてしまうような預言者が、いっぱい出てきますよね。

例えば、エリヤなどについては、「火の雨を降らせて、敵方の僧侶《そうりょ》を皆殺《みなごろ》しにした」みたいなことを、堂々と、『旧約《きゅうやく》テスタメント（聖書《せいしょ》）』に書いてあります。

また、律法のもとになるモーセにしても、エジプトの王が（モーセを）信じなければ、災《わざわ》いをたくさん起こしています。イナゴの大群を飛ばしたり、ナイルの川を血に染めたり、さまざまな疫病《えきびょう》を流行《はや》らせたりと、怖《こわ》い怖いこともいっぱい起こしたりしてますよね。

そのように、神の証明をするために、何て言うか、人類に〝お仕置《しお》き〟をするようなかたちの神様、信じない者たちをその場で裁くような、祟《たた》りのようなものを与《あた》える神様は、よく知られているんですけども、その神様と同一視されるような方が、「三年ほどの伝道をして、最後は強盗《ごうとう》殺人犯なんかと一緒《いっしょ》に十字架に架かった」っていうことに対しては、やっぱり、当時のローマ兵が笑ったのと同じように、「自分ぐらい救えないのか」という声がいっぱいあったと思うんですよね。だから、それに応《こた》えられなければいけなかったわけです。日本でも、キリスト教伝道をずいぶんやっているけども、いわゆる贖罪説的なものが、もうひとつ受け入れられないんですよ。日本の神様も罰《ばち》を与えますし、何て言うか、戦《いくさ》で勝つ神様が多くて、正統の神様ですから。

〝一粒《ひとつぶ》の麦〟としての使命をまっとうしたイエス・キリスト

パウロ　まあ、後世のイスラム教徒も批判しているところだと思いますけれども、「ムハンマドは戦で勝って国を建て、国教までつくったから、イエスよりムハンマドのほうが偉《えら》い」とかいう意見があります。

この世的に見れば、そういう言い方はできるだろうし、「この世的に仕事を完成したか、しなかったか」、あるいは、「この世的な完成度はどこまでか」ということで業績を測《はか》れば、見方はいろいろあると思うんですけども、やっぱり、忘れてはいけないのは、「霊的《れいてき》な部分」の意味合いだと思うんですよね。

それに関しては、特に、律法学者としてよく勉強をした人は分かりますけども、イエス降誕の千年ほど前から、「救い主《ぬし》が現れる」という予言は書かれていたわけです。「人の子が生まれるが、迫害《はくがい》されて、地から天に上げられるであろう」ということは、すでに千年も前に予言されていて、その千年の歴史のなかで、それに当てはまる人はイエス・キリスト以外にいなかったのです。

だから、「この世で迫害されて命は落とすけれども、天に昇《のぼ》って聖なる使命を果たす」という役割も担《にな》っていたんであろうし、迫害も、ある程度、予定されていたのであろうし、イエス自身も、そうした迫害が身に及《およ》ぶことによって、天なる神への信仰《しんこう》を十分に試《ため》されたんではないかなあと思いますね。

後世の弟子《でし》たちが、数多くの迫害を受けて、「石つぶての刑《けい》」や「逆《さか》さ十字の刑」に遭《あ》ったり、ライオンに食べられたりと、いろんなことをされながらも伝道をやめなかったのは、やはり、主なるイエスがその身を捨てて、それだけの試みに遭いながらも、使命をまっとうされたことが大きかったと思うんですねえ。

ここで引用されるべきは、やっぱり、「一粒《ひとつぶ》の麦、もし死なずば」という、あのたとえですね。

「一粒の麦が、そのままで生きようとすればそのままである。しかし、地に落ちて死ねば、つまり、大地に落ちれば、その麦の種は育ち、そして、何百、何千という実を結ぶであろう」と。

イエスの人生は、まさしくそういうことで、彼の生前の教えでも、そう説かれていたわけですね。

「死ぬことによって生きる」という、逆説的ではありますけども、生きようと思った者は滅び、生きようと思わずに、その身を投げ捨てた者が、百人、千人の人の飢《う》えを癒《い》やすような者になっていくことがある。

確かに、ある意味では、イエスの死を「人類の犯《おか》した罪である」と考えることは、当然あると思いますが、それは、一つの皮相《ひそう》なものの見方であって、やっぱり、彼は、「一粒の麦」としてこの世の命を捨てたことで永遠の命を得て、その永遠の命を大勢の人々に分け与えることに成功したんだと、私は思うんですよね。

「この世の命よりも大切なものがある」ことを示した偉人《いじん》たちの死

パウロ　これについては、イエスより前に、ギリシャに生まれていたソクラテスも、そうだったと思います。

「なぜ、ソクラテスが死ななければいけなかったか」という理由は分からないけども、少なくとも、彼が命乞《いのちご》いをしたり、有罪判決を受けていたにもかかわらず、弟子や牢番《ろうばん》の勧《すす》めに従って逃《に》げていたりしていたら、ソクラテスはソクラテスではなかった。後世の人は、それほどまで、ソクラテスを尊敬しなかったであろうと思う。

この世の命を軽《かろ》んじることは、必ずしもいいことではありませんけれども、

「それよりも大切なものがあることを知る」ということが、仏教的に言えば「悟《さと》り」だろうし、キリスト教的に言えば「命の門をくぐる」ということであって、彼は、それを教えてくれた。つまり、「この世的な命よりも大切なものがある」ということを教えてくれたわけです。

「この世的な命を護《まも》ることよりも大切なものはない」と考えるのが、現代人や、唯物論《ゆいぶつろん》的に生きている人の人生ですね。そういう人たちは、「この世での命より大切なものはない」と思いながら生きていますけども、「それよりも大切なものがあるんだ」ということを教えることが、とっても大事なことなんです。

その意味では、イエスの死は象徴《しょうちょう》ではあるけれども、イエスが十字架に架かることによって、多くの人々に導きを与え、反省の機会を与えたということは、ある意味では、「人類の罪を背負われた」ということであるし、「それ以後、人類の罪が贖《あがな》われることを願われた」ということだと思うんですね。

「一粒の麦」としては死を選ばれたが、それがたわわな実りをつくった。「全世界にキリスト教徒は二十億人いる」と言われるまでに広がっていった理由は、「一粒の麦」であるイエスが、その命をお捨てになられ、神の命《めい》を受けて、その使命のとおりに人生をまっとうなされたからです。

弟子《でし》ですら信じることのできなかった「エルサレム入城《にゅうじょう》」

パウロ　エルサレムに入城《にゅうじゅう》される前に、すでに、自分が十字架に架かることをご存じであられたことは、『聖書』に書かれているとおりです。何度も何度も、弟子《でし》たちに言っております。

「私は十字架に架かって死ぬだろう」ということを何度も言ってるのに、弟子たちには、先生が何をおっしゃっているのかがよく分からなかった。「行ったら死ぬ」と分かっている人が、わざわざそこに行くはずはないですから、弟子のなかには、「われわれを試しておられるのかな」というふうに見たり、あるいは、「また、昔のユダヤの話どおりに、神や天使が来て、奇跡を起こされるんじゃないか」とかいうようなことを期待したりした者もいて、ちょっと意味が分からなかった。「死せるラザロを生き返らせたイエスが、十字架に架かって死ぬ」というようなことが、どうしても信じられないことであったのです。

だから、ローマ兵たちと同じような気持ちを、弟子たちも持ってないわけではなかった。「自分を救えないわけがないだろう」と思っていたところもあったと思う。

でも、大きな意味では、やはり、人類の罪を許す行為《こうい》をなされたのではないかと、私は思う。

なぜかというと、それは、自分の命を捨ててまで助けたいものがあったからで、それが、人類の罪を許すための、まあ、「贖《あがな》い」でしょうかね。迫害されたる者が、迫害したる者さえ許す、その大きな愛の心を、そこに示したというところでしょうかねえ。

「贖罪感《しょくざいかん》」があればこそ伝道の力が湧《わ》いてくる

パウロ　まあ、このへんが、哲学的《てつがく》に非常に難しいところだと思いますが、こうした「贖罪《しょくざい》」、人類の罪を贖《あがな》って……。まあ、「贖う」という言い方は分かりにくいですけども、要するに〝負債《ふさい》〟ですよね。人類が長年犯してきた、罪という名の〝負債〟を支払《しはら》うために、イエスは出てこられて、それを支払われた。

何によって支払われたかというと、自分の人生によって、〝代価〟を支払われた。神の独り子であるにもかかわらず、その地上の命を捨てることによって、「それほどまでに神が人々を愛しておられるんだ」ということをお示しになられたということです。

これは分かりにくいかもしれませんけども、私には、それがはっきりと感じられる。

まあ、私も、贖罪に生きた人間の一人かもしれません。贖罪感があればこそ、伝道の力も湧《わ》いてきた気もしますので、こんな私でも許してくださるイエスへの感謝が、強い伝道の熱意へと変わっていったと思うんです。

ここは「疑問なし」としない人が大勢いると思いますけども、もし、「ムハンマドや、あるいはダビデなどのように、この世で勝利した人が神の預言者や救い主だ」という考えであるならば、そこから外《はず》れているところが、ユダヤの律法から見て、キリストを「油塗《ぬ》られし者」と認められなかったところではあるでしょう。

ところが、私は、それに対して、「もう一段違《ちが》ったレベルでの秘跡《ひせき》が行われたのだ」というふうに解釈《かいしゃく》し、これを信ずる者が増えたことで、キリスト教が世界的に広がったわけだから、その広がりを見れば、まんざら外れているわけではないと思います。

まあ、これに関しては、当然、宗教のかたちによって異論はあると思いますけど。

近藤　どうもありがとうございました。

4　なぜキリスト教は世界宗教になったのか

「十字架《じゅうじか》の信仰《しんこう》」の本当の意味

市川　偉大《いだい》なる異邦人《いほうじん》への使徒にして、キリスト教が世界宗教になる立役者《たてやくしゃ》でもあったパウロ様、本日は、ご降臨、本当にありがとうございます。私《わたくし》は、国際本部の市川と申します。

今、幸福の科学は、「主の御名《みな》を、主の教えを、地の果てまでも伝道せん」という思いで、日々、一人ひとりが伝道に邁進《まいしん》しております。そのようななか、ぜひ、パウロ様を熱烈《ねつれつ》な伝道者の模範《もはん》として、学ばせていただければと思っております。

当時、パウロ様は、「まだ、イエスの福音《ふくいん》が説かれていない地にこそ行って、福音を述べたい」という思いだったと、私は思っております。

そのようななかで、パウロ様が思っていらっしゃいました「不惜身命《ふしゃくしんみょう》の心」や、また、一人でも、パウロ様のような伝道者が出ることの意義、さらには、そのような情熱を持続して法を広げていく方法など、ぜひ、パウロ様のお考えになられる「伝道論」について、お考えをお聴《き》かせいただければと思います。

パウロ　うーん。まあ、イエスの言葉を信じたら、イエスが神の言葉を伝えていたことを、明らかに感じ取れると思うんですが、その神の言葉を、神に代わりて語っていた方が、ああいう悲惨《ひさん》な最期《さいご》をお遂《と》げになられたことについては、何度思い返しても思い返しても、涙《なみだ》なくしては語れないことではあります。

キリスト教の流れのなかで、教会や、そこにいる神父《しんぷ》・牧師《ぼくし》たちも、この世の物質文明に流されてしまい、霊的《れいてき》な意味が十分に分かってないことが多いんですけども、やっぱり、イエスの十字架《じゅうじか》は、「生」と「死」を分かつものであって、「死後の世界が本来の世界であることを確信していなければ、十字架は成り立たないことなんだ」ということですよね。

だから、十字架の信仰《しんこう》は、本当は、この世は仮のものであって、あの世の世界……、要するに「天に昇《のぼ》って神の側《そば》近くにあることが、人間としての最高の栄誉《えいよ》なんだと、本当に確信しているか」ということなんですね。

それから、「天国への門を開く鍵《かぎ》が、いったいどこにあるかを、イエスが知っておられた」ということが、「キリストの証明」だと、私は思います。

イエスは、父なる神に直接会えた方である。そして、イエスは、「天国への門の鍵は、どのようにして開《あ》くのか」ということについて、鍵を使って、その方法を簡単にお教えになられた。

「汝《なんじ》の主なる神を愛せよ」。それから、「汝自身を愛するがごとく、汝の隣人《りんじん》をも、また愛せよ」。また、あるときには、「汝の敵を許し、汝を迫害《はくがい》する者のために祈《いの》れ」とまで言われた。

いずれも、この世的には成り立ちにくいことと思います。この世的には成り立ちにくいことでしょう。私も、そう思います。

ただ、天なる神の心のなかには、いつも、そういう思いがあったのではないかと思うんですよね。

世界宗教への原動力となった「愛の思想」

パウロ　今のキリスト教に絡《から》んだ宗教戦争もたくさんあると思います。

「汝の隣人《となりびと》を愛せよ」という教えには、「よきサマリアンのたとえ」もありますけども、それまでの宗教に流れていた考えは、「ユダヤ人のためだけの宗教であり、ユダヤ人のためだけの神である。サマリア人《びと》に対しては、神は守護をなさらないし、信仰心もない」というようなものでした。そういう差別的な考え方があったわけですけども、サマリア人といっても、今で言えば、中東の一部族の違《ちが》いにすぎないレベルの差しかありません。

だから、当時、私たちが信じていた神というのが、一地方の神であったことは間違いないと思うんですけども、それを、「一地方の神」「民族の神」から解き放って、「世界の神」になされたのは、やはり、イエスの力だと思うんですね。

だから、この「汝の隣人を愛する思想」や「汝を迫害する者のために祈る思想」というのは、実は、世界宗教への原動力であったのではないかと思います。

人には、自分と他人《ひと》との違いを強調する人と、その同質性を重く見る人との二種類があると思うんですけども、そうした思想は、当時において、かなり革命的な思想であったということでしょう。

やはり、「汝を愛する者を愛したところで、何ほどのものであるか。むしろ、汝を憎《にく》み、汝に石つぶてを投げ、汝を迫害する者のために祈り、彼のために命を落とすことこそ、真の愛である」ということを、イエスは教えたんだと思いますね。

あなたがたで言えば、あなたがたを軽蔑《けいべつ》し、迫害し、悪口を言い、弾圧《だんあつ》をする者も出てくるかもしれないけれども、「そうした者も、また、神の救いにあずかる権利があるんだ」ということを認めてやることは大事だろうし、やはり、そうした迫害に耐《た》えて、信仰者として凛々《りり》しく生きていくことが大事なんじゃないかなあと思います。

私は、キリスト教が世界宗教になった理由は、イエスの「愛の思想」そのもののなかに根源があると思いますねえ。

市川　ありがとうございます。

「罪人《つみびと》」とも分け隔《へだ》てなく付き合ったイエス・キリスト

パウロ　この点で、イエスはユダヤ教を超《こ》えたと思います。

連綿と続いたユダヤ教の教えにあったのは、「ユダヤ人と神との契約《けいやく》」という考え方であって、その意味での一神教ではありました。ユダヤ民族を護《まも》るために、「契約を守れば民《たみ》の安全を守りたもう神」を一神として祀《まつ》っていた思想ですよね。これを解き放ったのが、この「愛の思想」だと、私は思います。

ゆえにこそ、イエスは異端《いたん》になりえた。当時のユダヤの思想から見れば、異端者であったわけで、彼には、ユダヤ人ではない人にでも愛を説くところがありましたからね。

それから、（イエスは）当時の伝統的な戒律《かいりつ》から見れば「罪人《つみびと》」といわれるような人たちとも、分け隔《へだ》てなく付き合いました。

取税人《しゅぜいにん》、貢取《みつぎと》りであったマタイは、十二弟子《でし》の一人になっていますし、マグダラのマリアは、もとは高級娼婦《しょうふ》ですよね。このような方々のほかに、百人の兵隊を束《たば》ねている小隊長のような軍人も弟子にしておられる。まあ、いろんな階層の、いろんな人々がいたわけです。

あるいは、当時は、「ある病気をする人は、全員、罪人だ」と思われていたところがあって、特に、癩病患者《らいびょうかんじゃ》のようなね……。今は「癩」と言わないのかな。今は、何て言いましたかね？

市川　ハンセン病です。

パウロ　ああ、ハンセン病っていうのかな。そういうものは、仏教の「業《ごう》の思想」にも似て、やっぱり、「神が罰《ばっ》されるために、そういうものを与《あた》えられたんだ」っていう考えがとても強かったんですけれども、そういうものに対しても、イエスは、その罪を清められ、そして、病《やまい》を癒《い》やされましたね。分け隔《へだ》てなく、それを癒やされていきましたね。

これは、宗教の根幹にかかわるところだと思うんです。

こういうところが、イエスの革命的なところであったし、伝統的な宗教から迫害されたところでもあったけれども、やはり、こういうところが、キリスト教が世界宗教になりえた理由でもあると思う。

今、あなたがたが言っているような、この世的なマスコミ的「常識」とは違う、宗教における「常識」をも破ったということです。

迫害《はくがい》の理由として利用された「形骸《けいがい》化した教えや戒律《かいりつ》」

パウロ　それから、「安息日《あんそくにち》に人を救ったらいけないのか」という問題もありました。

「モーセの教えによれば、『安息日には一切《いっさい》の仕事をしてはならん』ということになっているのに、あんたは安息日を守らないで、その日に、目の見えない人を治した。これは律法違反《いはん》だ」と言われて、イエスは迫害《はくがい》されていた。

そのときに、イエスは、「あなたがたは、自分が飼っている羊が休日に穴に落ちたら、助けないで放っておくのか。そんなことはないだろう。休日に落ちたからと言って、平日が来るまで放っておくことはなく、すぐに助けるだろう。財産性を持った羊でさえ、それだけのことをするのに、ましてや、神が人を救うのに休みの日があろうはずがないだろう」ということを言っています。

神が休みを与えたもうたのは、人をねぎらうためであって、人が人を救うのを禁じるためではなかったはずですね。

人が人を救うことを禁じるために、そういう戒律《かいりつ》があるのではなくて、「ねぎらいのために休みを取ってよい」ということを教えられただけであるのに、それを逆手《さかて》にとって、迫害の理由にしてきたわけです。

まあ、こういうところが、「形骸《けいがい》化された教え」や「戒律」の問題でしょうね。小人《しょうじん》は、それを使って人を陥《おとし》れるようなことをしていきます。

イエスの革命的思想が世界伝道を可能にした

パウロ　やはり、イエスは革命家だったと思いますね。形骸化していった神の教えを、もう一度、解き放った。

つまり、神の本心というか、昔に説かれた教えじゃなくて、「今、そこに神がおられたらこうしたはずだ」という「業《わざ》」をなされたということですよね。

このような革命的思想が、世界への伝道の原動力になっていったんだろうと思うし、それまでの宗教といったら、ほとんど、みんな、民族宗教しかなかったわけで、その枠《わく》を、思想的革命で超えたというふうに思います。

モーセによる一神教だって、基本的には、モーセが一神教を始めたわけではありません。

モーセがエジプトの王宮で育てられていた当時は、アモン・ラー信仰を立てたアメンホテプ四世、イクナートンの教えが、ちょうど王宮に広がっていた時代であったので、「一神教の影響《えいきょう》を受けて育ち、ユダヤ人たちにも、その考え方を当てはめた」っていうのが、モーセの一神教の始まりです。それが移って、イスラム教まで一神教を言ってるわけですけどね。

まあ、イスラム教から見れば、キリスト教には「父」もいれば「子」もいるし、「天使たち」や「聖母マリア」など、いろんなものが信仰されているから、そういうところが、一神教じゃなくて多神教に見えたらしいけども、もともと、一神教というのは、民族神的なものの信仰から来ていると思うんですよ。それが、今の時代は世界的な規模になってきているわけですから、そういう普遍《ふへん》の思想が必要でしょうね。

市川　ありがとうございます。

5 「語学学習の要諦《ようてい》」と「伝道の意義」

十二弟子《でし》だけではキリスト教は広がらなかった

市川　今、世界伝道師を目指して、幸福の科学大学の国際コースへの入学を希望する多くの若者が、日本のみならず、世界から集《つど》ってきています。

パウロ様は、生まれにおいてはヘブライ人、市民権においてはローマ人、また、教養においてはギリシャ人という、当時においても非常に国際的な方だったと思います。また、語学におきましても、三つの言語をお話しされたということもお聞きしております。

幸福の科学大学としても、パウロ様のような人材を数多く輩出《はいしゅつ》していきたいと思っておりますので、世界伝道師を目指す上で、学生たちが教養を身につける際のポイントや、また、語学学習の大切さなど、その要諦《ようてい》をご教示いただければと思います。よろしくお願いいたします。

パウロ　まあ、こういう言い方は不遜《ふそん》になるかと思いますけども、たぶん、イエスの十二弟子《でし》だけでは（イエスの教えは）広がらなかったのではないかなあと思います。

田舎《いなか》出身の人が多かったですよね。ガリラヤ湖畔《こはん》の漁師や、あるいは、差別されていた税金取りや娼婦《しょうふ》、病人など、そのような人たちがいっぱい信じていた宗教だったわけですから、これだけでは広がらなかったと思う。

また、私もそうだったかもしれないけれども、迫害《はくがい》していた側の宗教のほうは、ラビたち、まあ、律法学者たちが、学者として連綿《れんめん》と続いているような伝統的な宗教であったし、そうした格式のある教えを教わった人たちは、社会的にも偉《えら》かったこともあったのでねえ。

そういう意味では、私も、正規の学問に当たる『旧約聖書《きゅうやくせいしょ》』を修《おさ》めえたということですから、その世界のなかでは、若いうちに、ある程度の頭角《とうかく》を現していたということだったと思うんですね。結局は、中身が入れ替《か》わってしまったわけですけれども。

「教学」と「行動」が語学力を上げる

パウロ　まあ、確かに、語学は武器にはなったと思いますし、語学が武器になったことには、やっぱり、「勉強した」ということが大きいですね。だから、いわゆる「教学」です。「教学のところをしっかりやることで、学問の基礎《きそ》ができた」ということが大きかったと思いますし、あとは、やっぱり、「行動」することが大事ですね。

行動すると、「必要」が生まれるんですよ。要するに、行動すると、「人とのかかわり」が生まれます。人とのかかわりが生まれたときに、やはり、「伝えるべきもの」というのが出てくるんですね。その伝えるべきものが出てこなければ、悔《くや》しい思いをするわけで、その悔しい思いが、いろんな言語の習得になるわけですよ。

イエスのお弟子さんたちの言葉はアラム語だったかもしれないけれども、それだと本当に方言だから、ほかの地域には広がりません。だけど、ギリシャ語を勉強することによってギリシャ語で語ることができるようになれば、ギリシャ語が通用しているインテリ階層の人たちや、他の国の人たちが耳を傾《かたむ》けてくれることもあったし、ヘブライ語をキチッとしゃべれることで、ユダヤの正統派の人たちにも、真理を伝えることができましたよね。

まあ、あなたがたで言えばどうでしょう。

「正統な日本語で、きっちりとしたお話ができる」ということも、日本人に伝道するためには必要なことだと思うし、「教養のある、内容のある話がキチッとできるかどうか」っていうことも必要なことの一つでしょう。

また、かつてのギリシャ語に当たるものが、今は、たぶん、英語だろうと思いますので、やはり、「人の心」、「魂《たましい》」を揺《ゆ》さぶるところまで、英語で話ができるようになる努力をすることですね。

これに関しては、勇気を出さなければ駄目《だめ》です。

私も、もともとは、そんなに雄弁家《ゆうべんか》であったわけではなくて、どちらかというと訥弁《とつべん》で、どもることさえあるぐらいだったし、はにかみ屋で、あがって恥《は》ずかしがるタイプだったんですけども、変わったんです。

「ダマスコの回心《かいしん》」を経《へ》て、自分の罪深さを知り、真理を宣《の》べ伝えていた方のお弟子さんたちを迫害していたということの、罪の深さを知った。

あのときイエスは、私に対して、「サウロよ、サウロよ。なぜ、私を迫害するのか」と問いました。そして、「あなたはどなたですか」と訊《き》けば、「おまえが迫害しているイエスである」という答えが返ってきたのです。

私が迫害していたのはイエスの弟子たちであって、イエス自身を迫害したことはありませんでしたが、しかし、イエスは天上《てんじょう》にて、「おまえは、私（イエス）を迫害している」ということを言われたのです。これは、「イエスの弟子を迫害することは、イエスを迫害することと同じだ」ということだったと思いますね。それほどまでに弟子を愛しておられたんだと思います。

そうした罪を拭《ぬぐ》いて、自分の悪業《あくごう》を消し、そして、正しい道に入って真理を伝えるためには、もう命を惜《お》しまず、あなたがたの言う「不惜身命《ふしゃくしんみょう》の心」で伝えなければいけない。

語学学習の基本は「耳から聞いて、口から出す」

パウロ　（教えを）伝えていくためには語学力が必要ですが、当時は、今ほど、勉強の仕方等が発展していたわけではありません。

字が読める者は字から学べますが、やっぱり、基本的には、耳から聞いた学問が多かったので、主の教えを直接聞いた弟子たち、あるいは、その弟子からまた教わった弟子等が「イエスの教えはこうだ」「ここでこんなことを教えられた」「山上《さんじょう》の垂訓《すいくん》はこうであった」「カペナウムで語られたことは、こういうことであった」というようなことを再現していました。

そのように、複数の弟子から聞いていくうちに、その内容が頭に入るし、聞くことによって、言葉を覚えるわけです。

イエスが語られた言葉をそのまま覚え、そして、それを自分のなかで、違《ちが》う言語に置き換《か》えて語ることができるようになる。心の、あるいは魂の奥《おく》まで染《し》み込《こ》めば、それを、ほかの言葉に言い換えることもできるわけです。

だから、今の語学の学習もそうだと思うけれども、「耳から聞いて、口から出る」というのが基本だと思うんですね。

やはり、耳からしっかりと聞くことが大事であって、外国語学習は、特にそうです。まあ、いろんなやり方があるんでしょうけども、人間が赤ちゃんから育っていく経緯《けいい》と同じく、小学校に上がるころまでは、耳から入ってきた言葉を覚えるでしょう？　それまでは、辞書を引いたりするわけではありませんし、教科書を読むわけでもありませんね。絵本があっても、母親が読み聞かせたりして、耳から聞いていますね。

だから、基本的に、言葉は繰《く》り返し耳から入るものから覚えていくもので、そうやって耳から入ったものを口から出す。それを確認しているうちに、文脈から見て、使うべき言葉が正確になっていく。

そして、それが一定のレベルになれば、本を読んだり、今なら辞書があるでしょうから、辞書を引いて学習として深めたりすることもできるだろうし、また、『聖書《せいしょ》』といわれるようなものも活字で読めるようになると思う。

そういうものがなかった昔の時代においては、みんな、暗唱《あんしょう》しているのが普《ふ》通《つう》であって、インドなどでも、古代からの教えは、ほとんど口伝《くでん》でした。「全編を暗唱していて、口で、師から弟子に伝えていったものだ」と言われているように、全部を覚えて暗唱できるようにする。これは、たぶん、ほかの宗教でも、そうだと思います。

イエスのような方が語った言葉を、みんな、一生懸命《いっしょうけんめい》に頭のなかで覚えて、それを暗唱すること、諳《そら》んじることができるようにしたんだと思うんですね。

だから、あなたがたで言えば、「総裁の語られた言葉を暗唱する、諳んじる」ということができるところまで勉強しておれば、自然に説法《せっぽう》ができるようになるでしょう。

世界各国に「主が足跡《そくせき》を遺《のこ》されること」の尊さ

パウロ　あとは、外国語を勉強する場合、基本的には、伝道でもよろしいですし、あるいは、ビジネスでも結構ですが、「外国に行って、そこでする仕事がある」ということが、大きな動機づけになるだろうと思うんですね。やっぱり、そういう仕事があって、「（外国語を）使いたい」という気持ちが強くないといけません。

まあ、人によってはそうではなくて、内発的な動機から、伝えたくて、旅行したくてしかたがないタイプの方も、確かにいます。私も「旅の人」ではありましたけれども、そういう人は必要ですよねえ。

「旅から旅へ伝えていかねばならん」ということは大事で、国際本部の方も、（教えを）世界中に広げておられるなか、おそらく、言語がままならず、苦しい思いをなされていると思いますけども、しかし、「現に（外国へ）行って話をしてきた」ということが大切なのです。（言いたいことの）半分しか伝わらなかったかもしれないし、あるいは、七割しか伝わらなかったかもしれないとしても、「現に来てくれて、話をしてくれた」ということは、とても大きいことですね。

また、「主が足跡《そくせき》を遺《のこ》される」ということも、実に実に尊いことで、やはり、「来られたかどうか」ということは、あとあとまで大きな意味を持つことだと思うんです。

現代は飛行機もあるから、昔に比べれば、ずいぶん便利になってはおりますけれども、それでも世界各国まで足を延ばすということは、そう簡単なことではないと思います。

だから、「主が、海外まで教えを伸《の》ばされるためにはどうしたらいいか」というと、やっぱり、お手伝いする人も要《い》れば、また、「主がなされなくても、弟子でできるところは代わりて支える」ということが大事なことだと思うんですね。

先ほど言ったように、教えをちゃんと暗唱しておれば、主がお教えになりたいことを、主に代わりて、人々に教え導くことができるわけですから、そういうことをする人がいてくれれば、要するに、国内なら国内の伝道をちゃんとしてくれる人がいれば、まだ教えの届いていない人に、教えを説くこともできるわけです。

そういうことで、真理の種は、できるだけまいていかれたほうがいいと、私は思います。

「一粒《ひとつぶ》の麦」が、何百、何千となっていきます。たとえ、聞いている人はまだ少なくとも、それは大きな足跡になって、やがて、教線が伸びていくことになるでしょう。

まあ、弟子も同じですけれども、やはり、「わざわざ、こういう所まで来てくれた」というようなことが、すごく大きなことなんじゃないかと思いますね。

だから、あなたがたの宗教にも、いろいろな実務や事務仕事が数多くあるんだろうとは思いますけれども、そういう、サラリーマンと変わらないような仕事で、あんまり自分の人生の大半を使ってしまわないことも大事かな。

まあ、そういう部分も必要なので、やってくれる人がいなけりゃ困るんですけれども、やっぱり、宗教家の本質としては、「人の道を伝えることが大事なんだ」ということを忘れてはならないと思うんですね。

市川　ありがとうございます。

6　教団の「あるべき姿」とは

「この世的なこと」は弟子《でし》が引き受けるべき

市川　パウロ様は、熱烈《ねつれつ》な伝道者である一方、何回かの伝道旅行で行った先では、教会を建てられました。その地の方々に、しっかりと手紙を書かれていて、教会づくりは非常にしっかりされていたと思います。

パウロ　ええ。

市川　「組織づくり」をパウロ様のお言葉で賜《たまわ》れば、「愛のネットワーク」となると思われますが、そのような「愛のネットワーク」「組織づくり」の要諦《ようてい》について……。

パウロ　大事ですね。アンティオキアの教会とかをつくったことが、大きな力になったね。

市川　また、パウロ様からご覧になって、今の幸福の科学の組織に、問題点や改善点等がございましたら、ご教示いただければと思います。

パウロ　うーん……。まあ、ほかのものに比べれば、ずいぶん頑張《がんば》っているんだろうとは思いますけれども。うーん……。やっぱり、イエス様に比べて、大川総裁が、この世的に負担しているものが多いような気が、私にはしますね。この世的に教団を維持《いじ》し、護《まも》らなければならないために使っているエネルギーがかなり多くて、これについては、弟子《でし》でやらねばならん部分が、もう少しあるのではないかなあと思います。

遺《のこ》るのは「教え」だけなんですよ。最後は「教え」しか遺らないんでね。だから、「教え」を説いてもらうことが大事であって、この世的なことに関しては、この世的にできる人がいないわけではないので、そういう人を上手に使ってやっていかねばならないと思うんです。

教会を建てたりすることも大事な仕事でありますけれども、そういうことは、もちろん職員でもできるし、在家《ざいけ》でもできないわけではありません。在家の方々で教会をつくることだって可能なので、（大川総裁には）そこまで心労されず、自由に教えを説いていただくことに専念してもらうほうがよいと思うんですねえ。

「伝道」も「植福《しょくふく》」も信仰心《しんこうしん》相応の結果が現れる

パウロ　教会を建てたりするには財力が必要になりますから、お金も集めなければなりませんけれども、そうしたお金を集めたり、あるいは、伝道したりする根本《こんぽん》は、「信仰《しんこう》」のところなんですよ。篤《あつ》い信仰心を持っておればこそ、人は伝道の力も出るし、献金《けんきん》を集める力においても、磁石のような力が出てくるんですね。

だから、その信仰心相応にしか現れてこないんですよ。信仰心相応に伝道ができ、信仰心相応に、教会をつくるための財的基盤《きばん》が出来上がってくると思うんです。

したがって、伝道が十分ではなかったり、あるいは、資金的な面で困窮《こんきゅう》するようなことがあったりするならば、それは、信仰心のところがまだ十分ではないというふうに、私は思うのです。

主に当たる方が、そうした組織の運営的なことのほうにエネルギーをあんまり奪《うば》われすぎると、やっぱり、この世的な活動や考え方が数多く出されるようになってくるので、逆の意味において、信仰を立てる妨《さまた》げになることもあるでしょう。

主には風のごとく吹《ふ》き抜《ぬ》けていってもらえるようにしてほしい

パウロ　だから、主は、もっと「霊的《れいてき》」であっていいと思うんです。もっと「霊的」で、風のように、天の一角《いっかく》から吹《ふ》いてくるインスピレーションそのものであってよいのではないでしょうか。

そういう意味で、イエスに比べれば、すごく「この世的な部分」でのエネルギーを使っておられるような感じがいたしますねえ。

だから、うーん……、イエスにしても、ソクラテスにしても、まあ、仏陀《ぶっだ》がどうであったかはよく分からないけれども、もうちょっとこの世的なことは手を抜《ぬ》いていたのではないかなあと、私は思うのでね。あなたがたのなかにも、そういう役割をする人が存在はするけど、使い切れてないところがあるんじゃないでしょうか。そんな感じがいたしますねえ。

やっぱり、主には、風のごとく吹き抜けていってもらうことが大事だと思います。

市川　ありがとうございます。

7 「パウロの転生《てんしょう》」を再確認する

〝グルグル思考〟の親鸞《しんらん》とまったく一緒《いっしょ》の魂《たましい》とは思わない

近藤　多岐《たき》にわたり、いろいろなアドバイスをくださり、ありがとうございます。

最後に、信仰《しんこう》と伝道に生きられたパウロ様の転生《てんしょう》についてお伺《うかが》いできればと思います。

伺っているところでは、「日本において親鸞《しんらん》としてお生まれになった」ということになっておりますが、これは事実でございましょうか（『黄金の法』〔幸福の科学出版刊〕参照）。

パウロ　うーん……。まあ、そういうふうに言う方が多いんですけどねえ……。

近藤　その後はいかがでございましょうか。

パウロ　ええ？

近藤　その後はいかがでございましょうか。

パウロ　うーん……。

近藤　あるいは、現代においてお生まれになっているとか……。

パウロ　私と親鸞は、ちょっと違《ちが》うところもあるんですけどねえ……。

近藤　ああ、そうですか。

パウロ　まあ、親鸞の、「罪をいっぱい犯《おか》した自分が許されるための贖罪《しょくざい》の思想をもって、『阿弥陀《あみだ》様が救ってくださる』っていうようなことを説いたところが似ている」と言われているんですが、ちょっと違うところもあるんです。

まあ、うーん……。いや、魂《たましい》的にはつながってるのかもしれないけども、私から見ると、親鸞っていう人は〝グルグル思考〟の方ですよね。

近藤 〝グルグル思考〟……（笑）。

パウロ 行きつ戻《もど》りつ、グルグルグルグル同じところを回ってる人ですよね。だけど、私は〝グルグル思考〟じゃないんですよ。私は、やっぱり〝確信犯的〟に動く人間ですから。

パリサイ派で正しいと思ったら、その道でまっすぐ行くし、パキンとそれが折られて回心《かいしん》させられたら、今度は正反対のほうに向かって突《つ》き進んでいくようなタイプであったので、（親鸞と）まったく一緒《いっしょ》とは思わない。私は、まったく一緒とは思わないですねえ。

「パウロの思想」と「親鸞《しんらん》の思想」の大きな違《ちが》い

パウロ　だから、私のほうが、もうちょっと、どうなんだろうかねえ……。うーん……。

まあ、親鸞《しんらん》も偉《えら》い人なんだろうけど、グルグルしすぎているような気がしてしょうがない……。

あれは「迷い」っていうの？　「煩悩《ぼんのう》」？　知りませんけど、それが、何て言うか、「自分たちと同じ地平に立っている」という意味での庶民《しょみん》からの信仰を集めているのかもしれないし、「罪を犯した人ほど救われる」みたいな言い方をしているから、伝道の仕方としては上手なのかもしれない。

だけど、私は、どっちかといわれたら、罪なくして他の人の罪を引き受けられた方への信仰を広めていたので、「罪のある人ほど救われる」というような思想を広げたわけではありません。

私のほうからは、この親鸞系の浄土真宗《じょうどしんしゅう》の流れのなかには、〝悪乗《わるの》り〟している面があるように見える。キリスト教に似てはいるんだろうけれども、やっぱり、キリスト教は、回心《かいしん》しなきゃ駄目《だめ》なんですよ、回心を。

いや、罪を犯してもいいですよ。でも、回心しなきゃいけないんですよ。神様のほうに向かって回心しなきゃいけないのに、浄土真宗のほうは、なんか、もう、「罪を深く犯せば犯すほど、阿弥陀様が一生懸命《いっしょうけんめい》になって救ってくださる」っていう〝あれ〟だから。「重病人ほど医者が力を入れて救う」っていうことを強調することで、阿弥陀様の救済力を強調して、「だから、ありがたいんだ」と持ってくるのでしょう。

だけど、（キリスト教が）「イエス様は救いの人だから、もう、どんな人だって、悪いことをすればするほど救ってくださる」というような言い方をしたら、国際社会では浮《う》き上がるんじゃないでしょうか。どうでしょうかね。

「サダム・フセインやオサマ・ビン・ラディンみたいな人こそ、イエスが求めていた、救うべき重罪人、大悪人だ。ああいう人こそ神の使徒だ」というようになりかねない感じがするので、国際宗教にはならないんじゃないでしょうか。

「私に関係がある魂だ」って言われてるんで、「そうなのかなあ」とは思いつつも、ちょっと堕落《だらく》したんと違《ちが》うかなあ、あの魂は。そんな感じがする。

まあ、後《のち》の世に、その教えを広げる人がいたから広がったんじゃないかな。

あれだけじゃ広がらない教えですよねえ。

キリスト教伝道の妨《さまた》げとなった親鸞《しんらん》を「百叩《ひゃくたた》きにしたい」

パウロ　彼には、私の主に当たるような人がいなかったんです。法然《ほうねん》っていう人がいたかもしれないけども、法然も、イエスの弟子《でし》クラスぐらいの人なので、ちょっと、「悟《さと》り」までは行ってないんじゃないかなあっていう感じはする。おかげさまで、日本でキリスト教を伝道するのがとっても難しくなった。似たような〝類似品《るいじひん》〟というか、〝紛《まが》い物の類似品〟みたいなのが、先にいっぱい広がったために、キリスト教がとっても入りにくくって困ってます。

そちらの〝紛い物〟のほうが、本物を弾《はじ》くんですよ。本物のほうの救済力が低く見えるんです。

本物のほうが、もうちょっと、「犠牲《ぎせい》」とか「回心」とかを迫《せま》ってくるところがあるし、「慎《つつ》ましやかさ」も迫ってくるところがあるでしょう？

ところが、浄土真宗系になってくると、もう何だか、「罪を犯し放題」みたいな感じで、何をやっても構わない。「六大煩悩、真っ盛《さか》り」みたいな感じで、釈迦《しゃか》の教えとは正反対のことを一生懸命にやって、釈迦を〝いじめてる〟ように、私には見えるんですけどね。

お釈迦様を〝いじめてる〟んじゃないでしょうかね、周りから。お釈迦様の教えを、みんなで崩《くず》してるような感じに見えるんです。

まあ、あれも新宗教なのかもしれないけど、私のはちょっと違う。もうちょっと純粋《じゅんすい》なんです。純粋な「信仰」と「伝道」なのでね。あれは、親鸞《しんらん》が、ちょっとエゴイストなんじゃないでしょうか。だから、自分を許すための教えを、自分でつくったんだと思うんですね。

まあ、私の贖罪説も、「罪を犯した私自身を救うためにつくった」と言われれば、確かに、そういう面がないわけではないけれども、単に、私が救われるためだけに教えを世界に広めたわけでは、決してない（笑）。やっぱり、使命を感じたし、霊的《れいてき》体験も経《へ》て確信したからこそやったんであって、自分が許されたい、要するに、地獄《じごく》へ堕《お》ちる恐怖《きょうふ》からやったわけではないので（笑）。

その意味では、やっぱり、私は、親鸞っていう人に対して、ちょっと、百《ひゃく》叩《たた》きにしてみたい気があることはあるんですが、「同一人物だ」と言われると、何だかこそばゆい。そんなはずはあるのかな、ないのかな。

キリスト教伝道を遅《おく》らせた張本人であり、贖罪してもらわないといけないような感じがしているので、「ちょっと違うんだけどなあ」っていう気持ちはありますねえ。

現代に生まれている可能性はあるのか

近藤　その後の歴史のなかで、キリスト教の弟子としてお生まれになったり、あるいは、現代にお生まれになっていたりということはございませんでしょうか。

パウロ　うーん……。あるかも。

近藤　差し支《つか》えなければ……。

パウロ　あるかも！　うーん、あるかも。

近藤　差し支えなければ……。

パウロ　いやあ、差し支えある。

近藤　ありますか（会場笑）。

パウロ　うん。ある。差し支えある。

近藤　そうですか。

パウロ　言うと、パウロの値打ちが下がるから言わない。

近藤　ああ、そうですか。

パウロ　ああ。差し支えあるかも。

でも、現代に数多くの伝道をこなす人が出てきて、歴史に名が遺《のこ》れば、その人がパウロかもしれない。それは、若い人のなかにいるかも、年上の人のなかにいるかも分からないけれども、いずれ、それだけの実績をあげるだろうなと思いますね。

近藤　ということは、現代に……。

パウロ　いるかもしれない。

近藤　かもしれない。

パウロ　かもしれない。いないかもしれない。

近藤　ああ……。

パウロ　失敗したときには黙《だま》っている（会場笑）。成功したときは名乗りを上げる。

まあ、そういうことで、過去世《かこぜ》の名前で仕事をしてはいけないと思いますので、「パウロのような人だな」と言われるようになったら、可能性が出てくるということです。

でも、「パウロ」は、もう今は、一人でなくてもいいかもしれない。たくさんいてもいい時代ですね。国の数が違うので、もうちょっとたくさんいなければいけないんじゃないかなあと思います。

まあ、必ずしも、同じシチュエーションで、同じように生まれるわけではないので、現代では違う感じで出ることも当然あるでしょう。

だから、この宗教に、世界宗教への道をつける人がいたら、その人がパウロかもしれないと私は思いますがね。

近藤　ありがとうございます。それでは、たくさんの「パウロ」を輩出《はいしゅつ》してまいりたいと思います。

パウロ　ええ。

近藤　本日は、たくさんのお教えを頂き、ありがとうございました。

パウロ　まあ、宗教の使命を果たしてください。

近藤　ありがとうございました。

8　現代の「パウロ」の出現に期待する

似ている面はありつつも個性としては違《ちが》うパウロと親鸞《しんらん》

大川隆法　というようなことでした。

意外にも、親鸞《しんらん》を少し批判していたので、少々〝あれ〟でしたけれども、少し違《ちが》いますかね。

やはり、多少は違いがあるのでしょう。まったく同じではありませんね。同じであれば、浄土真宗《じょうどしんしゅう》が「世界宗教」になっているかもしれないわけですし、多少、違うところがあるのかもしれません。まあ、キリスト教に似ている面もあるのですが……。

浄土真宗のほうは、「南無阿弥陀仏《なむあみだぶつ》を一回称《とな》えたら、阿弥陀様に救われる」という説までありましたが、「十回称えたら救われる」から、「一回称えたら救われる」「称える前に救ってくださる」というように、救済力を強く言うことで、御利益《ごりやく》がずっと先へ先へと進んでいっています。

これは、信仰《しんこう》深い人たちがたくさんいる世の中においての〝信仰合戦〟では、勝てる考え方なのですが、信仰なき世の中においては、少し厳しい面がありますね。

今は、浄土真宗系の僧侶《そうりょ》であっても、みな、「阿弥陀様っているんだろうか。どうなんだ。よく分からない」と言っているような状況《じょうきょう》ですから、そういうところはあるでしょう（笑）。

ただ、逆説的なところは、少しパウロに似ているかもしれません。「阿弥陀の本願《ほんがん》、第十八願」というのがあって、はるかなる昔に、阿弥陀如《にょ》来《らい》が「四十八の誓願《せいがん》」を立てられたのですが、そのなかで、「一切《いっさい》の衆生《しゅじょう》が救われなかったら、私は、決して成仏《じょうぶつ》しないであろう」というような願《がん》を立てたわけです。

それが、親鸞によって、「今、すでに阿弥陀仏として成仏しておられるということは、一切の衆生は救われることになったんだ。すでに救われているのだ」というような感じになったわけで、そういう逆説的な論理を使ってくるところは、少し似ているところがあるのかもしれません。ただ、個性としては違うということでしょう。

伝道に対して「強い熱意」を持っている魂《たましい》

大川隆法　今、当会で、そのように屈折《くっせつ》しながら伝道する人はいますか。屈折した論理を使いつつ、伝道するタイプの人は……。

近藤　まだ、いないと思いますが……。

大川隆法　まだいませんか。もう少しストレートでしょうか。正反対のことを言いながら伝道するような人は、当会にいますかね（笑）。

近藤　ストレートに……。

大川隆法　ストレートには言っていますか。

過去の二つの転生《てんしょう》を見るかぎり、やや偏屈《へんくつ》な理論を立てる可能性がないわけではありません。そういうところはあるかもしれませんね。

でも、「伝道力が出てこなければいけない」というか、「（教えを）広げる」ということに対しては、すごい熱意を持っているはずです。

「どなたとして生まれている」というところまでは言いたくないようですし、もしかしたら、まだ活躍《かつやく》の場には出ていなくて、幸福の科学学園の学園生あたりのなかに隠《かく》れているのかもしれません。それは、時期が来れば出てくるでしょう。

どのような時期で出てくるか分かりませんが、「教団の最初のときに、偉《えら》い人が全員勢揃《せいぞろ》いする」というのも、あまりよろしくないところがあるので、世代を超《こ》えて、いろいろと出て来るでしょう。法を広げる方というのは、教団の初期に集まった人たちとは少し違うかもしれなくて、もう少しあとになってから、だんだんと出てくることのほうが多いかもしれませんね。

ただ、法を広げる方が出てくるわけですから、幸福の科学大学の国際コースから、世界伝道に旅立つ方のなかに、パウロがいるかもしれません。期待したいところだと思います。

では、ありがとうございました。

『パウロの信仰論・伝道論・幸福論』大川隆法著作関連書籍

『黄金の法』（幸福の科学出版刊）
『愛、無限』（同右）
『公開霊言 親鸞よ、「悪人こそ救われる」は本当か』（同右）
『他力信仰について考える』（同右）

パウロの信仰論《しんこうろん》・伝道論《でんどうろん》・幸福論《こうふくろん》

2014年8月23日　初版第1刷

著　者　大《おお》　川《かわ》　隆《りゅう》　法《ほう》

発行所　幸福の科学出版株式会社

〒107-0052 東京都港区赤坂2丁目10番14号
TEL(03)5573-7700
http://www.irhpress.co.jp/

印刷・製本　株式会社 サンニチ印刷

落丁・乱丁本はおとりかえいたします

ISBN978-4-86395-525-7 C0030

大川隆法シリーズ・**最新刊（幸福論シリーズ）**

ソクラテスの幸福論

諸学問の基礎と言われる哲学には、必ず〝宗教的背景〟が隠されている。知を愛し、自らの信念を貫くために毒杯をあおいだ哲学の祖・ソクラテスが語る「幸福論」。

1,500円

キリストの幸福論

失敗、挫折、苦難、困難、病気……。この世的な不幸に打ち克つ本当の幸福とは何か。2000年の時を超えてイエスが現代人に贈る奇跡のメッセージ！

1,500円

ヒルティの語る幸福論

人生の時間とは、神からの最大の賜りもの。「勤勉に生きること」「習慣の大切さ」を説き、実業家としても活躍した思想家ヒルティが語る「幸福論の真髄」。

1,500円

アランの語る幸福論

人間には幸福になる「義務」がある――。人間の幸福を、精神性だけではなく科学的観点からも説き明かしたアランが、現代人に幸せの秘訣を語る。

1,500円

※表示価格は本体価格（税別）です。

大川隆法シリーズ・**最新刊**

ザ・ヒーリングパワー

病気はこうして治る

ガン、心臓病、精神疾患、アトピー……。スピリチュアルな視点から「心と病気」のメカニズムを解明。この一冊があなたの病気に奇跡を起こす!

1,500円

幸福学概論

個人の幸福から企業・組織の幸福、そして国家と世界の幸福まで、1600冊を超える著書で説かれた縦横無尽な「幸福論」のエッセンスがこの一冊に!

1,500円

文部科学大臣・下村博文 守護霊インタビュー②

大学設置・学校法人審議会の是非を問う

「学問の自由」に基づく新大学の新設を、〝密室政治〟によって止めることは許されるのか? 文科大臣の守護霊に、あらためてその真意を問いただす。

1,400円

大川隆法シリーズ・最新刊

エクソシスト概論

あなたを守る、「悪魔祓い」の基本知識Q＆A

悪霊・悪魔は実在する！ 憑依現象による不幸や災い、統合失調症や多重人格の霊的背景など、六大神通力を持つ宗教家が明かす「悪魔祓い」の真実。

1,500円

日本民俗学の父 柳田國男が観た死後の世界

河童、座敷童子、天狗、鬼……。日本民俗学の創始者・柳田國男が語る「最新・妖怪事情」とは？ この一冊が 21 世紀の『遠野物語』となる。

1,400円

「ノアの箱舟伝説」は本当か

大洪水の真相

人類の驕りは、再び神々の怒りを招くのか!? 大洪水伝説の真相を探るなかで明らかになった、天変地異や異常気象に隠された天意・神意とは。

1,400円

※表示価格は本体価格（税別）です。

大川隆法ベストセラーズ・幸福な人生を拓く

幸福の法
人間を幸福にする四つの原理

真っ向から、幸福の科学入門を目指した基本法。愛・知・反省・発展の「幸福の原理」について、初心者にも分かりやすく説かれる。

1,800円

心を癒す ストレス・フリーの幸福論

人間関係、病気、お金、老後の不安……。ストレスを解消し、幸福な人生を生きるための「心のスキル」が語られた一書。

1,500円

幸福へのヒント
光り輝く家庭をつくるには

家庭の幸福にかかわる具体的なテーマについて、人生の指針を明快に示した、珠玉の質疑応答集。著者、自選、自薦、自信の一書。

1,500円

大川隆法ベストセラーズ・「幸福の科学大学」が目指すもの

新しき大学の理念

「幸福の科学大学」がめざす
ニュー・フロンティア

2015年、開学予定の「幸福の科学大学」。日本の大学教育に新風を吹き込む「新時代の教育理念」とは? 創立者・大川隆法が、そのビジョンを語る。

1,400円

「経営成功学」とは何か

百戦百勝の新しい経営学

経営者を育てない日本の経営学!? アメリカをダメにしたMBA——!? 幸福の科学大学の「経営成功学」に託された経営哲学のニュー・フロンティアとは。

1,500円

「人間幸福学」とは何か

人類の幸福を探究する新学問

「人間の幸福」という観点から、あらゆる学問を再検証し、再構築する——。数千年の未来に向けて開かれていく学問の源流がここにある。

1,500円

「未来産業学」とは何か

未来文明の源流を創造する

新しい産業への挑戦——「ありえない」を、「ありうる」に変える! 未来文明の源流となる分野を研究し、人類の進化とユートピア建設を目指す。

1,500円

※表示価格は本体価格(税別)です。

大川隆法 ベストセラーズ・忍耐の時代を切り拓く

忍耐の法

「常識」を逆転させるために

人生のあらゆる苦難を乗り越え、夢や志を実現させる方法が、この一冊に──。混迷の現代を生きるすべての人に贈る待望の「法シリーズ」第20作!

2,000円

「正しき心の探究」の大切さ

靖国参拝批判、中・韓・米の歴史認識……。「真実の歴史観」と「神の正義」とは何かを示し、日本に立ちはだかる問題を解決する、2014年新春提言。

1,500円

自由の革命

日本の国家戦略と世界情勢のゆくえ

「集団的自衛権」は是か非か!? 混迷する国際社会と予断を許さないアジア情勢。今、日本がとるべき国家戦略を緊急提言!

1,500円

Noblesse《ノーブレス》 Oblige《オブリージ》 「高貴なる義務」を果たす、「真のエリート」を目指せ。

幸福の科学学園
中学校・高等学校（那須本校）

Happy Science Academy Junior and Senior High School

私は、
教育が人間を創ると
信じている一人である。
若い人たちに、
夢とロマンと、精進、
勇気の大切さを伝えたい。
この国を、全世界を、
ユートピアに変えていく力を
出してもらいたいのだ。

（幸福の科学学園 創立記念碑より）

幸福の科学学園 創立者
大川隆法

幸福の科学学園（那須本校）は、幸福の科学の教育理念のもとにつくられた、男女共学、全寮制の中学校・高等学校です。自由闊達な校風のもと、「高度な知性」と「徳育」を融合させ、社会に貢献するリーダーの養成を目指しており、2014年4月には開校四周年を迎えました。

幸福の科学学園・教育の特色

「徳ある英才」の創造

教科「宗教」で真理を学び、行事や部活動、寮を含めた学校生活全体で実修して、ノーブレス・オブリージ(高貴なる義務)を果たす「徳ある英才」を育てていきます。

体育祭

天分を伸ばす「創造性教育」

教科「探究創造」で、偉人学習に力を入れると共に、日本文化や国際コミュニケーションなどの教養教育を施すことで、各自が自分の使命・理想像を発見できるよう導きます。さらに高大連携教育で、知識のみならず、知識の応用能力も磨き、企業家精神も養成します。芸術面にも力を入れます。

探究創造科発表会

一人ひとりの進度に合わせた「きめ細やかな進学指導」

熱意溢れる上質の授業をベースに、一人ひとりの強みと弱みを分析して対策を立てます。強みを伸ばす「特別講習」や、弱点を分かるところまでさかのぼって克服する「補講」や「個別指導」で、第一志望に合格する進学指導を実現します。

授業の様子

自立心と友情を育てる「寮制」

寮は、真なる自立を促し、信じ合える仲間をつくる場です。親元を離れ、団体生活を送ることで、縦・横の関係を学び、力強い自立心と友情、社会性を養います。

毎朝夕のお祈りの時間

幸福の科学学園の進学指導

1 英数先行型授業

受験に大切な英語と数学を特に重視。「わかる」（解法理解）まで教え、「できる」（解法応用）、「点がとれる」（スピード訓練）まで繰り返し演習しながら、高校三年間の内容を高校二年までにマスター。高校二年からの文理別科目も余裕で仕上げられる効率的学習設計です。

2 習熟度別授業

英語・数学は、中学一年から習熟度別クラス編成による授業を実施。生徒のレベルに応じてきめ細やかに指導します。各教科ごとに作成された学習計画と、合格までのロードマップに基づいて、大学受験に向けた学力強化を図ります。

3 基礎力強化の補講と個別指導

基礎レベルの強化が必要な生徒には、放課後や夕食後の時間に、英数中心の補講を実施。特に数学においては、授業の中で行われる確認テストで合格に満たない場合は、できるまで徹底した補講を行います。さらに、カフェテリアなどでの質疑対応の形で個別指導も行います。

4 特別講習

夏期・冬期の休業中には、中学一年から高校二年まで、特別講習を実施。中学生は国・数・英の三教科を中心に、高校一年からは五教科でそれぞれ実力別に分けた講座を開講し、実力養成を図ります。高校二年からは、春期講習会も実施し、大学受験に向けて、より強化します。

5 幸福の科学大学（仮称・設置認可申請中）への進学

二〇一五年四月開学予定の幸福の科学大学への進学を目指す生徒を対象に、推薦制度を設ける予定です。留学用英語や専門基礎の先取りなど、社会で役立つ学問の基礎を指導します。

仏法真理塾

サクセスNo.1

未来の菩薩を育て、仏国土ユートピアを目指す！

仏法真理塾「サクセスNo.1」とは

宗教法人幸福の科学による信仰教育の機関です。信仰教育・徳育にウエイトを置きつつ、将来、社会人として活躍するための学力養成にも力を注いでいます。

サクセスNo.1 東京本校（戸越精舎内）

「サクセスNo.1」のねらいには、「仏法真理と子どもの教育面での成長とを一体化させる」ということが根本にあるのです。

大川隆法総裁　御法話『「サクセスNo.1」の精神』より

仏法真理塾「サクセスNo.1」の教育について

信仰教育が育む健全な心

御法話拝聴や祈願、経典の学習会などを通して、仏の子としての「正しい心」を学びます。

学業修行で学力を伸ばす

忍耐力や集中力、克己心を磨き、努力によって道を拓く喜びを体得します。

法友との交流で友情を築く

塾生同士の交流も活発です。お互いに信仰の価値観を共有するなかで、深い友情が育まれます。

●サクセスNo.1は全国に、本校・拠点・支部校を展開しています。

東京本校	TEL.03-5750-0747	FAX.03-5750-0737
名古屋本校	TEL.052-930-6389	FAX.052-930-6390
大阪本校	TEL.06-6271-7787	FAX.06-6271-7831
京滋本校	TEL.075-694-1777	FAX.075-661-8864
神戸本校	TEL.078-381-6227	FAX.078-381-6228
西東京本校	TEL.042-643-0722	FAX.042-643-0723
札幌本校	TEL.011-768-7734	FAX.011-768-7738
福岡本校	TEL.092-732-7200	FAX.092-732-7110
宇都宮本校	TEL.028-611-4780	FAX.028-611-4781
高松本校	TEL.087-811-2775	FAX.087-821-9177
沖縄本校	TEL.098-917-0472	FAX.098-917-0473
広島拠点	TEL.090-4913-7771	FAX.082-533-7733
岡山本校	TEL.086-207-2070	FAX.086-207-2033
北陸拠点	TEL.080-3460-3754	FAX.076-464-1341
大宮拠点	TEL.048-778-9047	FAX.048-778-9047

全国支部校のお問い合わせは、
サクセスNo.1 東京本校(TEL. 03-5750-0747)まで。
メール info@success.irh.jp

エンゼルプランV

信仰教育をベースに、知育や創造活動も行っています。

信仰に基づいて、幼児の心を豊かに育む情操教育を行っています。また、知育や創造活動を通して、ひとりひとりの子どもの個性を大切に伸ばします。お母さんたちの心の交流の場ともなっています。

TEL 03-5750-0757　FAX 03-5750-0767
メール angel-plan-v@kofuku-no-kagaku.or.jp

ネバー・マインド

不登校の子どもたちを支援するスクール。

「ネバー・マインド」とは、幸福の科学グループの不登校児支援スクールです。「信仰教育」と「学業支援」「体力増強」を柱に、合宿をはじめとするさまざまなプログラムで、再登校へのチャレンジと、進路先の受験対策指導、生活リズムの改善、心の通う仲間づくりを応援します。

TEL 03-5750-1741　FAX 03-5750-0734
メール nevermind@happy-science.org

ユー・アー・エンゼル！（あなたは天使！）運動

障害児の不安や悩みに取り組み、ご両親を励まし、勇気づける、障害児支援のボランティア運動です。学生や経験豊富なボランティアを中心に、全国各地で、障害児向けの信仰教育を行っています。保護者向けには、交流会や、医療者・特別支援教育者による勉強会、メール相談を行っています。

TEL 03-5750-1741　FAX 03-5750-0734
メール you-are-angel@happy-science.org

シニア・プラン21

生涯反省で人生を再生・新生し、希望に満ちた生涯現役人生を生きる仏法真理道場です。週1回、開催される研修には、年齢を問わず、多くの方が参加しています。現在、全国8カ所（東京、名古屋、大阪、福岡、新潟、仙台、札幌、千葉）で開校中です。

東京校 TEL 03-6384-0778　FAX 03-6384-0779
メール senior-plan@kofuku-no-kagaku.or.jp